Prüfung 2 Go

präsentiert

Formelsammlung

Kaufmann und Kauffrau
für Büromanagement

Formeln richtig lernen und Prüfung bestehen

Deine Meinung ist uns sehr wichtig!

Wir haben es uns zum Ziel gesetzt, Auszubildende auf dem Weg durch Ihre Prüfung zu begleiten und ihnen dabei zu helfen, diese richtig gut zu bestehen!

Solltest du vor, während oder nach der Bearbeitung dieses Buches Fragen haben, steht dir unser Team gerne jederzeit zur Verfügung.

Auch bei Anregungen oder Kritik zu diesem Buch. Sende einfach eine kurze E-Mail an **feedback@pruefung2go.de**. Wir finden garantiert eine Lösung.

Tipp:

Hast du Angst vor der Prüfung und leidest unter der Prüfungsangst?

Neigst du in Stresssituationen zu Blackouts? Auch hier könnten wir dir mit unserem Ratgeber helfen!

ISBN: 978-3-98212-355-4

Bei uns im Shop unter **www.pruefung2go.de**

Copyright

Dieses Buch wird präsentiert von der:

Talent2Go GmbH

Hans-Stempel-Str. 14 · 76829 Landau

Internet: www.pruefung2go.de ·
E-Mail: feedback@pruefung2go.de

Hinweise

Die in diesem Buch verwendeten Personenbezeichnungen schließen selbstverständlich alle Geschlechter ein, auch wenn teilweise nur die männliche Form verwendet wird, um einen besseren Lesefluss zu gewährleisten.

Autor und Verlag übernehmen keine Haftung für die Richtigkeit und Vollständigkeit der in diesem Buch enthaltenen Ausführungen. Weiterhin übernehmen die Autoren und der Verlag keine Haftung für sonstige Schäden wegen Auslassungen oder Fehler in diesem Werk.

Bildnachweis: @denisismagilov– stock.adobe.com

Autor: Prüfung2Go

Auflage 2023 · ISBN 978-3-98212-356-1

Informationen für Unternehmen!

Sie möchten Ihre Auszubildenden als Ausbildungsbetrieb noch besser unterstützen?

Dann informieren Sie sich jetzt über die Vorteile von:

Talent2Go

Mit Talent2Go haben wir eine HR-Software entwickelt, bei der Auszubildende, Unternehmen aber auch die Ausbilder vor Ort stark profitieren.

Talent2Go bietet Ihnen u.a. die folgenden Funktionen:

- Azubis können orts- und zeitunabhängig lernen und bestimmen ihr Lerntempo selbst, Ausbildungsnachweise werden digital verfasst

- Übernahmeentscheidungen der Ausbilder:innen aus dem Bauch heraus gehören der Vergangenheit an, erstmalig Zugriff auf fundiertes Datenmaterial zur Unterstützung von wichtigen Entscheidungen

- rechtzeitig Potenzialkandidaten aber auch Schwachstellen erkennen, frühzeitig in die Vertragsgespräche einsteigen, Recruitingkosten senken

Informieren Sie sich jetzt und testen Sie Talent2Go 30 Tage kostenlos

Inhaltsverzeichnis

Formeln lernen

Formeln und Gleichungen sind für viele Schüler, Studenten und Auszubildende ein rotes Tuch. Das Auswendiglernen fällt den meisten Menschen schwer und die Formeln wollen sich einfach nicht im Gehirn einprägen. In der Schule aber auch im Studium, oder in der Ausbildung werden Gleichungen und Formeln allerdings immer wieder benötigt. Im Unterschied zu anderem Lernstoff müssen Formeln meist auswendiggelernt und im Schlaf beherrscht werden. Doch das ist gar nicht immer so einfach. Vielleicht hast du dir bereits eine Liste erstellt und die Formeln farblich markiert, aber sie bleiben trotzdem nicht im Gedächtnis?

Wie du dir Formeln am besten einprägen kannst

Da Schüler und Studenten sich häufig eine große Menge an Lernstoff in kurzer Zeit einprägen müssen, ist das Auswendiglernen zeitweise sogar unumgänglich. Formeln und Gleichungen auswendig zu lernen muss aber nicht langweilig und sinnlos sein. Mit der richtigen Strategie lernst du nicht nur effektiv, du kannst dir das Einprägen von Formeln sogar so gestalten, dass du Spaß daran hast.

- **Nutze Bilder, Analogien und Metaphern**

Wenn du dir eine Formel ansiehst, dann überprüft dein Gehirn die Relevanz dieser Information anhand bestimmter Kriterien. Dein Gehirn fragt dann zum Beispiel, ob diese Information für dich von emotionaler Bedeutung ist, oder ob du sie mit Dingen verknüpfen kannst, die du interessant findest.

Zudem überprüft das Gehirn die Information darauf, ob sie bildhaft ist. Bloße Formeln erzeugen für uns keine Bilder, die wir als relevant einschätzen, hilfreich ist es daher, die Formeln selbst mit Analogien und Bilder zu verknüpfen. Denn dein Gehirn speichert Ereignisse und Informationen in Form von Geschichten ab. Daher gelten Sprachbilder und Metaphern als besonders effektiv.

Um dir Formeln einzuprägen ist es zudem wichtig, die Informationen zu verinnerlichen und die Logik dahinter zu verstehen. Wenn du die Logik hinter der Formel wirklich verstehst, dann kannst du dieses Wissen schneller und vor allem auch langfristig abrufen. Hast du die Logik einmal verstanden, dann kannst du ähnliche Situationen mit demselben Muster lösen.

Warum das Auswendiglernen so kompliziert ist

Das Auswendiglernen hat in der heutigen Zeit keinen guten Ruf mehr. Umgangssprachlich nennen wir es auch Pauken und verknüpfen es mit sturem Büffeln, allerdings ist Auswendiglernen besser als sein Ruf, denn es hält die grauen Zellen fit. Kompliziert ist das Auswendiglernen deshalb, weil das Gehirn sich viele einzelne Fakten merken muss.

Dem Gehirn sucht jedoch nach Zusammenhängen der Informationen und Fakten. Dein Gehirn lernt nämlich am besten, wenn es an bereits vorhandene Informationen anknüpfen kann.

Das Auswendiglernen ist nicht in jedem Fall die richtige Methode, um sich Lernstoff anzueignen. Wer sich Formeln einprägen möchte, kommt aber um das Auswendiglernen meist nicht herum. Doch zunächst muss der Lerninhalt verstanden und mehrfach wiederholt werden. Erst dann wird das Gelernte auch im Langzeitgedächtnis abgespeichert.

Welche Methoden helfen, um sich Formeln besser merken zu können?

Es gibt unterschiedliche Methoden, um sich Formeln einzuprägen. Welche Methoden sich für dich am besten eignen, richtet sich auch unter anderem nach deinem Lerntyp. Denn nicht jeder Mensch lernt in der gleichen Art und Weise, gleichermaßen effektiv. Wir lernen auf unterschiedlichen Wahrnehmungskanälen. Frage dich daher selbst, wie du dir Informationen am besten merken kannst. Lernst du besonders gut visuell, auditiv, motorisch oder eher kommunikativ? Kombiniere am besten mehrere Methoden miteinander. Das Lernen funktioniert im Allgemeinen durch eine Reizübertragung im Gehirn. Umso mehr Sinne du beim Lernen einbeziehst, desto besser kannst du das Gelernte behalten.

Formeln mit Bildern verknüpfen

Wenn du die Logik hinter dem Lernstoff grundsätzlich verstanden hast, dann kannst du dir wichtige Formeln merken, indem du sie dir durch Bilder und Analogien veranschaulichst. Widmen wir uns hierfür einmal der berühmtesten Formel der Welt, einem Naturgesetz aus der Relativitätstheorie. Die Formel beschreibt die Äquivalenz von Massen und Energie, davon hast du sicher schon gehört:

$\mathbf{E = mc^2}$

Albert Einstein stellte mit dieser physikalischen Formel einen Zusammenhang zwischen Energie, Masse und Lichtgeschwindigkeit her. „E“ steht für die Energie des Körpers in Newtonmeter oder Joule. „m“ bezeichnet die dynamische Masse dieses Körpers in Kilogramm und „c“ steht für die Lichtgeschwindigkeit in Meter pro Sekunde.

- **Tiere lassen Formeln lebendig werden**

Tiere eignet sich meist sehr gut, um Formeln und Gleichungen anschaulicher darzustellen. Wenn du jetzt einmal versuchst, dir diese Formel in (lustigen) Bildern vorzustellen, könnte das wie folgt aussehen: Für „E“ könntest du dir einen Esel vorstellen, der sehr viel Energie besitzt. Für das „=“ stell dir ein paar Skier vor, danach kommt das „m“, was Masse bedeutet. Denke hierfür zum Beispiel ein kleines, dickes Murmeltier vor. „c“ steht für Lichtgeschwindigkeit, hier kannst du dir Champagner merken.

- **Formeln als Geschichten**

So wird aus der kleinen, bildhaften Veranschaulichung eine Geschichte. Der Esel fährt voller Energie mit seinen Skiern zu dem kleinen, massigen Murmeltier. Sie trinken zusammen Champagner in Lichtgeschwindigkeit und sehen danach alles doppelt. Mit dem Doppeltsehen kommt dann auch die Quadratzahl „^{2}“ ins Spiel. Diese Methode eignet sich natürlich auch für längere Formeln.

Erkläre die Formel einem Freund

Du kannst dir daher Formeln und Gleichungen auch sehr gut einprägen indem du sie jemandem erklärst. Es gilt daher als förderlich für den Lernprozess, wenn du die Formel oder Gleichung in eigenen Worten erklärst. Du kannst diese Erläuterung für dich selbst aufschreiben. Noch besser kannst du dir Formel und Gleichungen merken, wenn du sie einer anderen Person erklärst. Erkläre deinem Bekannten oder Freund die Gleichung und lass dir Fragen zum Thema stellen.

Formeln lernen durch Musik

Menschen, die besonders gut durch auditive Reize lernen und Informationen hauptsächlich durch das Zuhören verinnerlichen, hilft es oft, sich eine Melodie zur Formel zu überlegen. Auditiven Lerner können sich Formeln ebenso gut durch Audioaufnahmen merken und durch wiederholtes Anhören. Damit die Lerninhalte ins Langzeitgedächtnis gelangen können, müssen sie nämlich nicht nur verstanden, sondern auch beständig wiederholt werden.

Lernen am praktischen Beispiel

Manche Menschen können Lerninhalte besser verstehen, wenn sie etwas mit den eigenen Händen erfassen und erforschen können, sie benötigen praktische Beispiele. Diese Lernenden können Formeln und Gleichungen am besten verstehen, wenn sie etwas selbst ausprobieren können oder wenn ihnen etwas vorgeführt wird. „Learning by doing", also das Lernen durch Handeln hilft, die Inhalte besser nachvollziehen zu können. Nutze daher möglichst praktische Beispiele, um dir die Formeln besser zu merken. Wenn du dir zum Beispiel die Formel zur Berechnung des Volumens eines Würfels einprägen möchtest, dann kannst du dir selbst einen Würfel zusammenbauen und die Formel am Objekt überprüfen.

Warum Bulimie-Lernen langfristig keinen Nutzen hat

Wissen kann übrigensnicht übertragen werden, in jedem Gehirn muss dieses Wissen neu geschaffen werden. Manchmal bleibt nur noch wenig Zeit, um sich bestimmte Lerninhalte einzuprägen. Schüler und Studenten versuchen sich viele Informationen innerhalb ganz kurzer Zeit zu merken. Man spricht dann vom sogenannten Bulimie-Lernen bezeichnet, versuchen Formeln oder Gleichungen werden stur auswendig gelernt, ohne dass die Logik dahinter verstanden wird. Das Problem des Bulimie-Lernens ist allerdings, dass die erlernten Informationen schon nach kurzer Zeit wieder vollkommen vergessen werden. Um dir wichtige Lerninhalte zu merken, solltest du daher unbedingt auf andere Lernmethoden, wie die oben genannten zurückgreifen

Kaufmännisches Rechnen

Einfacher Dreisatz

Wird beispielsweise angewendet bei folgender Fragestellung:

3 neue Arbeitsschuhpaare kosten zusammen 450 €. Wie viel kosten dann 5 Paare insgesamt?

Also wissen wir:	3 Paare	→	450 €
	5 Paare	→	? €

Berechnung: $\frac{450\,€}{3} * 5 = 750\,€$

Erklärung:

Dadurch, dass wir den Gesamtpreis der Schuhe durch die entsprechende Anzahl an Paaren teilen, erhalten wir den Preis pro Stück, weshalb wir den dann zu Berechnung des Preises für 5 Paare einfach mit 5 multiplizieren.

Umgekehrter Dreisatz

Wird beispielsweise angewendet bei folgender Fragestellung:

4 Mitarbeiter brauchen jeweils 7 h, um die Waren zu verräumen. Wie lange brauchen dann 3 Mitarbeiter?

Also wissen wir:	4 Mitarbeiter	→	7 h
	3 Mitarbeiter	→	x h

Berechnung: $\frac{7\,h * 4\,Mitarbeiter}{3\,Mitarbeiter} = 9{,}3\,h\ (pro\ Mitarbeiter)$

Erklärung:

Es wird durch die Rechnung „7h * 4 Mitarbeiter" die Gesamtstundenzahl der Mitarbeiter berechnet, die sie insgesamt für die Verrichtung der Arbeit benötigen. Da jetzt aus 4 Mitarbeitern aber 3 werden, die Arbeit jedoch den gleichen Umfang behält, teilen wir nun die Gesamtstundenzahl durch die neue Anzahl an Mitarbeitern.

Grundlagen der Prozentrechnung

Für das Verständnis muss man sagen, dass jeweils folgende zusammenhängende Schreibformen mathematisch das gleiche Ergebnis aussagen:

1 %	=	0,01	=	$\frac{1}{100}$
50 %	=	0,5	=	$\frac{50}{100}$
100 %	=	1	=	$\frac{100}{100}$

Dementsprechend gilt dann auch für eine unbekannte Prozentangabe:

$$x\,\% = \frac{x}{100}$$

Nun gibt es drei verschiedene Berechnungsformen. Es gibt das Rechnen von hundert, den verminderten Grundwert (in hundert) und den vermehrten Grundwert (auf hundert).

Prozentrechnung in hundert → 100 %

Bei dieser Berechnung werden jeweils Anteile berechnet.

G	=	Grundwert	→	$G = \frac{P}{p}$
P	=	Prozentwert	→	$P = G * p$
p	=	Prozentsatz	→	$p = \frac{P}{G}$

Beispiele:

1. Wenn man sich von seinem Nettogehalt von 1.800 € monatlich 200 € beiseite legt, wie viel Prozent sind das dann?

   ➔ Prozentsatz! $p = \frac{P}{G} = \frac{200\,€}{1800\,€} = 11{,}1\,\%$

2. Wenn man weiß, dass man mit 400 € nur 8 % von seinem Nettogehalt beiseite legt, wie hoch ist dann das Nettogehalt?

   ➔ Grundwert! $G = \frac{400\,€}{8\,\%} = 5.000\,€$

3. Wir haben uns zum Ziel gesetzt, von unserem Nettogehalt, das 2.500 € beträgt, 15 % beiseite zu legen. Wie viel Geld ist das dann?

   ➔ Prozentwert! $p = 2.500\,€ * 15\,\% = 375\,€$

Dann gibt es daneben noch zwei weitere Arten der Prozentrechnung

Vermehrter Grundwert (auf hundert)	**Verminderter Grundwert (in hundert)**
100 % + p	100 % - p
$Grundwert = G = \frac{(G+P)*100}{100+p}$	$Grundwert = G = \frac{(G-P)*100}{100-p}$
$Prozentsatz = p = \frac{P*100}{G}$	$Prozentsatz = p = \frac{P*100}{G}$
$Prozentwert = p = \frac{(G+P)*p}{100+p}$	$Prozentwert = p = \frac{(G-P)*p}{100-p}$

Zinsrechnung

In der kaufmännischen Rechnungsweise wird der Monat immer mit 30 Tagen gerechnet, das Jahr dementsprechend immer mit 360 Tagen.

$$Zinssatz = \frac{Zinswert * 100 * 360}{Kapital * Tage}$$

$$Zinswert\ (bzw. auch\ Zinsen\ genannt) = \frac{Kapital * Zinssatz * Tage}{100 * 360}$$

$$Kapital = \frac{Zinsen * 100 * 360}{Zinssatz * Tage}$$

$$Zinsen\ (Monate) = \frac{Kapital * Zinssatz * Monate}{100 * 12}$$

$$Anlagedauer\ (Tage) = \frac{Zinswert * 100 * 360}{Zinssatz * Kapital}$$

Währungsrechnung

Im international tätigen Geschäft ist die Umrechnung extrem wichtig. Zwar gibt es dafür auch Rechner, die man nutzen kann, dennoch schadet es nicht zu wissen, wie man die Währungen richtig umrechnet:

Von Euro zur Fremdwährung

$$Betrag\ Fremdw. = Betrag\ in\ € * Kurs\ Fremwährung$$

Von Fremdwährung zu Euro

$$Betrag\ in\ € = \frac{Betrag\ in\ Fremdwährung}{Kurs\ Fremdwährung}$$

Kalkulationen

$$\text{Materialgemeinkostenzuschlagssatz} = \frac{Materialgemeinkosten\ (MGM)}{Fertigungsmaterial} * 100$$

$$\text{Fertigungsgemeinkostenzuschlagssatz} = \frac{Fertigungsgemeinkosten\ (FGK)}{Fertigungslöhne} * 100$$

$$\text{Verwaltungsgemeinkostenzuschlagssatz} = \frac{Verwaltungsgemeinkosten\ (VwGK)}{Herstellerkosten\ des\ Umsatzes} * 100$$

$$\text{Vertriebsgemeinkostenzuschlagssatz} = \frac{Vertriebsgemeinkosten\ (VtGK)}{Herstellerkosten\ des\ Umsatzes} * 100$$

Handelskalkulation

	Listeneinkaufspreis netto	
-	Lieferrabatt	(Basis Listeneinkaufspreis)
=	Zieleinkaufspreis	
-	Lieferskonto	(Basis Zieleinkaufspreis)
=	Bareinkaufspreis	
+	Bezugskosten	
=	Bezugspreis bzw. Einstandspreis	
+	Handlungskosten	(Basis Bezugspreis oder als €-Betrag)
=	Selbstkostenpreis	
+	Gewinn	(Basis Selbstkostenpreis)
=	Barverkaufspreis	
+	Kundenskonto	(Basis Zielverkaufspreis)
+	Vertreterprovision	(Basis Zielverkaufspreis)
=	Zielverkaufspreis	
+	Kundenrabatt	(Basis Angebotspreis)
=	Angebotspreis bzw. Listenverkaufspreis netto	

Zuschlagskalkulation (Kostenträgerstückrechnung)

	Fertigungsmaterial	
+	Materialgemeinkosten	(Basis Fertigungsmaterial)
=	Materialkosten	
	Fertigungslöhne	
+	Fertigungsgemeinkosten	(Basis Fertigungslöhne)
+	Sondereinzelkosten der Fertigung	
=	Fertigungskosten	
	Herstellkosten	(Materialkosten + Fertigungskosten)
+	Verwaltungsgemeinkosten	(Basis Herstellkosten)
+	Vertriebsgemeinkosten	(Basis Herstellkosten)
+	Sondereinzelkosten des Vertriebs	
=	Selbstkosten	
+	Gewinn	(Basis Selbstkosten)
=	Barverkaufspreis	
+	Kundenskonto	(Basis Zielverkaufspreis)
+	Vertreterprovision	(Basis Zielverkaufspreis)
=	Zielverkaufspreis	
+	Kundenrabatt	(Basis Angebotspreis)
=	Angebotspreis bzw. Listenverkaufspreis netto	

Kostenträgerzeitrechnung

	Fertigungsmaterial
+	Materialgemeinkosten
+	Fertigungslöhne
+	Fertigungsgemeinkosten
+	Sondereinzelkosten der Fertigung
=	Herstellkosten der Erzeugung
-	Bestandsmehrung an fertigen und unfertigen Erzeugnissen
+	Bestandsminderung an fertigen und unfertigen Erzeugnissen
=	Herstellkosten des Umsatzes
+	Verwaltungsgemeinkosten
+	Vertriebsgemeinkosten
+	Sondereinzelkosten des Vertriebs
=	Selbstkosten des Umsatzes

Kostenträgerstückrechnung mit Maschinenstundensatz

	Fertigungsmaterial	
+	Materialgemeinkosten	
+	Fertigungslöhne	
+	Restfertigungsgemeinkosten	(Basis Fertigungslöhne)
+	Maschinenkosten (Maschinenstundensatz * Laufzeit Produkt)	
+	Sondereinzelkosten der Fertigung	
=	Herstellkosten	
-	Bestandsmehrung an fertigen und unfertigen Erzeugnissen	
+	Bestandsminderung an fertigen und unfertigen Erzeugnissen	
=	Herstellkosten des Umsatzes	
+	Verwaltungsgemeinkosten	
+	Vertriebsgemeinkosten	
+	Sondereinzelkosten des Vertriebs	
=	Selbstkosten des Umsatzes	

Maschinenabhängige Fertigungsgemeinkosten pro Jahr

Kalkulatorisch Abschreibung (Kalk. AfA) → $\frac{Wiederbeschaffungswert}{Nutzungsdauer}$

Kalkulatorische Zinsen → $\frac{Anschaffungswert * Zinssatz}{2 * 100}$

Raumkosten → $Raumbedarf * Verrechnungssatz\ pro\ m^2\ pro\ Monat * 12\ Monate$

Energiekosten → $Energieverbrauch\ pro\ Stunde * € \ pro\ kwh * Laufleistung\ p.a. + Grundgebühr$

Instandhaltungskosten werden meist als Festbetrag angegeben, ansonsten gilt

→ $\frac{Anschaffungswert * Instandhaltungssatz}{2 * 10}$

Werkzeugkosten haben meist einen Festbetrag.

Divisionskalkulation einfach

$$Selbstkosten\ pro\ Stück = \frac{Gesamtkosten}{Produktionsmenge}$$

Divisionskalkulation mehrfach

$$Selbstkosten\ pro\ Stück = \frac{Herstellkosten}{Produktionsmenge} + \frac{Vertriebskosten}{Absatzmenge}$$

Divisionskalkulation mit Äquivalenzziffern (ÄZ)

$$Kosten\ pro\ Stück = ÄZ\ der\ Sorte * Kosten\ pro\ Recheneinheit$$

$$Kosten\ pro\ Sorte = Hergestellte\ Menge * Kosten\ pro\ Stück$$

$$Recheneinheit = Hergestellte\ Menge * ÄZ$$

$$Kosten\ pro\ Recheneinheit\ (Kosten\ ÄZ1) = \frac{Gesamtkosten}{Summe\ Recheneinheiten}$$

Betriebliche Berechnungen

$$Wirtschaftlichkeit = \frac{Ertrag}{Aufwand} \text{ oder } \frac{Leistungen}{Kosten}$$

$$Produktivität = \frac{Fixkosten\ (Kf)}{Preis\ (p) - variable\ Kosten\ (kv)}$$

$$Rentabilität = \frac{Gewinn}{eingesetztes\ Kapital}$$

$$Kosten = variable\ Kosten\ pro\ Stück * Stückzahl\ (x) + Fixkosten$$
$$= (kv * m) + Kf$$

$$Umsatz = Stückpreis * veraufte\ Stückzahl\ (x) = P * m$$

$$Beschäftigungsgrad = \frac{Produktionsmenge}{Kapazität} * 100$$

$$Betriebsergebnis = Summe\ der\ Deckungsbeiträge$$
$$- Fixkosten \quad oder \quad Umsatz - Gesamtkosten$$

Preisuntergrenze

Kurzfristige Preisuntergrenze = variable Kosten

Langfristige Preisuntergrenze $= \frac{Gesamtkosten\ (Kf+kv)}{Stückzahl\ x}$ = Selbstkosten!

Break Even Point (Gewinnschwelle)

Ab diesem Punkt sind die Kosten gedeckt und es werden Gewinne erwirtschaftet

$$Break\ Even\ Point = \frac{fixe\ Kosten\ (Kf)}{Stückdeckungsbeitrag\ (db)} \text{ oder wenn } Umsatz$$
$$= Kosten\ ist$$

Allgemeine Wirtschaftslehre (VWL)

Bruttoinlandsprodukt

Entstehungsrechnung

	Produktionswert
-	Vorleistungen
=	Bruttowertschöpfung (unbereinigt)
-	unterstellte Bankgebühr
=	Bruttowertschöpfung (bereinigt)
+	Gütersteuern
-	Gütersubventionen
=	Bruttoinlandsprodukt

Verwendungsrechnung

	Private Konsumausgaben
+	Konsumausgaben des Staates
+	Ausrüstungsinvestitionen
+	Bauinvestitionen
+	sonstige Anlagen
+	Vorratsveränderungen und Nettozugänge an Wertsachen
+	Exporte
-	Importe
=	Bruttoinlandsprodukt

Verteilungsrechnung

	Nationaleinkommen
-	Produktions- und Importabgaben an den Staat
+	Subventionen vom Staat
=	Volkseinkommen
-	Arbeitnehmerentgelt
=	Unternehmens- und Vermögenseinkommen

Einkommens- und Lohnberechnungen

Vom Bruttoeinkommen zum Realeinkommen

	Bruttoeinkommen
-	direkte Steuern und Sozialabgaben
=	Nettoeinkommen
+	Transfereinkommen
=	verfügbares Einkommen
+/-	Preisveränderungen im Warenkorb
=	Realeinkommen

Nettonationaleinkommen (Primäreinkommen)

	Bruttoinlandsprodukt
+	Saldo der Primäreinkommen aus der übrigen Welt
=	Bruttonationaleinkommen
-	Abschreibungen
=	Nettonationaleinkommen

Weitere Formeln:

Lohnquote	$= \frac{Arbeitseinkommen}{Volkseinkommen} * 100$
Gewinnquote	$= \frac{Gewinn + Vermögenseinkommen}{Volkseinkommen} * 100$
Konsumquote	$= \frac{Konsumausgaben}{(verfügbare\ Einkommen)} * 100$
Sparquote	$= \frac{Sparvolumen}{verfügbares\ Einkommen} * 100$
Defizitquote	$= \frac{Nettoneuverschuldung}{BIP} * 100$
Staatsquote	$= \frac{Ausgaben\ des\ Staates}{BIP} * 100$
Schuldenquote	$= \frac{Summe\ der\ Staatsschulden}{BIP} * 100$

Preiselastizität des Angebots	$= \frac{Änderung\ der\ Nachfragemenge\ in\ \%}{Änderung\ des\ verbügbaren\ Einkommens}$
Preiselastizität der Nachfrage	$= \frac{Änderung\ der\ Nachfragemenge\ in\ \%}{Änderung\ der\ Preise\ in\ \%}$
Preissteigerungsrate	$= \frac{Ausgaben\ für\ Warenkorb\ des\ Berichtsjahres}{Ausgaben\ für\ Warenkorb\ des\ Basisjahres} * 100 - 100$
Erwerbsquote	$= \frac{Erwerbspersonen}{Wohnbevölkerung} * 100$
Erwerbslosenquote	$= \frac{Erwerbslose}{Erwerbspersonen} * 100$

Deckungsbeitragsrechnung

$$Deckungsbeitrag\ pro\ Stück = Verkaufspreis - variable\ Stückkosten$$
$$= p - kv$$

➔ Absoluter DB

$$Deckungsbeitrag\ pro\ Periode = Verkaufserlöse - variable\ Kosten$$
$$= E - kv$$

➔ Absoluter DB

Mehrstufige Deckungsbeitragsrechnung

Deckungsbeitrag I	= Nettoverkaufserlöse – variable Kosten
Deckungsbeitrag II	= Deckungsbeitrag I – erzeugnisfixe Kosten
Deckungsbeitrag III	= Deckungsbeitrag II – erzeugnisgruppenfixe Kosten
Betriebsergebnis	= Deckungsbeitrag III – unternehmensfixe Kosten
Relativer db	= Stückdeckungsbeitrag (db) / Engpasszeit je Stück

Prozesskostenrechnung

$$Prozesskostensatz\ (leistungsmengenneutral) = \frac{Summe\ aller\ Imi - Prozesskosten}{Summe\ Imi - Prozesskosten} * 100$$

$$Prozesskostensatz\ (leistungsmengeninduziert) = \frac{Imi - Prozesskosten\ pro\ Periode}{Kostentreibersumme\ pro\ Periode}$$

$$Imn - Prozesskostensatz\ (Umlagesatz) = Imi - Prozesskostensatz * Imn - Zuschlagssatz$$

Oder

$$= \frac{Imn\ Prozesskosten * Imn - Prozesskostensatz}{Summe\ Imi - Prozesskosten}$$

Plankostenrechnung

Plankostenverrechnungssätze	$= \frac{Summe\ der\ Plankosten}{Planbeschäftigung\ (jeweilge\ Bezugsgröße)}$
Variator (Plankostenrechnung)	$= \frac{proportionale\ Plankosten}{gesamte\ Plankosten}$
Sollkosten (kalk.) Plankosten	$= Fixkosten + \frac{proportionale\ Kosten\ (Kprop) * Istbeschäftigung}{Planbeschäftigung}$
Verbrauchsabweichung	$= Sollkosten - Istkosten$
Beschäftigungsabweichung	$= verrechnete\ Plankosten - Sollkosten$
Gesamtabweichung	$= verrechnete\ Plankosten - Istkosten$

Abschreibung

AfA-Betrag linear	$= \frac{Anschaffungskosten}{Nutzungsdauer}$
AfA-Satz linear (in %)	$= \frac{100}{Nutzungsdauer}$
AfA-Betrag degressiv	$= Buchwert * AfA\ Satz\ (in\ \%)$
AfA-Satz degressiv (in %)	$= \frac{Buchwert * AfA\ Satz}{100}$
Leistungsabschreibung	$= \frac{Anschaffungswert * Istleistung}{Sollkapazität}$
Optimaler Wechselzeitpunkt	$= ND - \frac{100}{degr. AfA}$

Produktion

Optimale Losgröße	$= \sqrt{\frac{200 * Jahresbedarf * Rüstkosten}{Herstellkosten\ pro\ Stück + Lagerkostensatz}}$ Oder $= \sqrt{\frac{2 * Jahresbedarf * Rüstkosten}{Lagerhaltungskosten}}$
Kapitalproduktivität	$= \frac{Ausbringungsmenge}{eingesetztes\ Kapital}$
Materialproduktivität (Ausbeute)	$= \frac{Ausbringungsmenge}{eingesetzte\ Rohstoffmenge}$
Arbeitsproduktivität (A)	$= \frac{Ausbringungsmenge}{Zahl\ der\ Mitarbeiter}$
Arbeitsproduktivität (B)	$= \frac{Ausbringungsmenge}{Arbeitsstunden}$

Netzplan

FAZ = Frühste Anfangszeit
FEZ = Frühste Endzeit
SAZ = Späteste Anfangszeit
SEZ = Späteste Endzeit

Frühstes Ende (vorwärts)	FEZ = FAZ + Dauer
Spätester Anfang (rückwärts)	SAZ = SEZ – Dauer
Gesamtpuffer	GP = SAZ – Minimum (Nachfolger) – FEZ
Freier Puffer	FP = FAZ – Minimum (Nachfolger) – FEZ

Vorgabezeit	= Rüstzeit + Ausführungszeit
Rüstzeit (stückzahlunabhängig)	=Rüstgrundzeit + Rüsterholungszeit + Rüstverteilzeit
Ausführungszeit (stückzahlabhängig)	= Grundzeit + Erholungszeit + Verteilzeit
Durchlaufzeit	= Belegungszeit + Übergangszeit Oder = Veränderungszeit + Prüfzeit + Liegezeit
Belegungszeit	= Bearbeitungszeit + Rüstzeit
Übergangszeit	= Transportzeit + Prüfzeit + Liegezeit
Veränderungszeit	= Einwirkzeit = Rüstzeit + Ausführungszeit + Transportzeit
Kritische Menge (Eigenfertigung – Fremdbezug)	$= \frac{Kf(Eigenfertigung) - Kf\ (Frembezug)}{Kv(Fremdbezug) - Kv\ (Eigenfertigung)}$

Beispiel für einen Netzplan

(Vorgangsbezeichnung)		
(Vorgangsnummer)		
FAZ	Dauer	FEZ
SAZ	Puffer	SEZ

Lagerhaltung

Durchschnittlicher (Ø) Lagerbestand	$= \frac{Jahresanfangsbestand + 12\ Monatsendbestände}{13}$ Oder $= \frac{Anfangsbestand + Endbestand}{2}$
Ø Lagerdauer	$= \frac{360}{Umschlagshäufigkeit}$
Lagerumschlagshäufigkeit	$= \frac{Verbrauch\ pro\ Jahr}{Ø\ Lagerbestand}$ Oder $= \frac{360}{Ø\ Lagerdauer}$
Lagerhaltungskostensatz	$= Lagerkostensatz + Lagerzinssatz$
Lagerkostensatz	$= \frac{Lagerkosten\ p.a.\ (ohne\ Zinsen)}{Ø\ Lagerbestand}$
Lagerreichweite	$= \frac{Ø\ Lagerbestand\ (Periode)}{Verbrauch\ (Periode)}$
Lagerzinssatz	$= \frac{Marktzinssatz}{Umschlagshäufigkeit}$ Oder $= \frac{Marktzinssatz * Ø\ Lagerdauer}{360}$
Lagerzinsen	$= \frac{Wert\ des\ Ø\ Lagerbestands * Lagerzinssatz}{100}$ Oder $= \frac{Ø\ Lagerbestand * Marktzinssatz * Ø\ Lagerdauer}{100 * 360}$
Meldebestand	$= Lieferzeit * täglicher\ Verbrauch + Mindestbestand$
Mindestbestand (Sicherheitsbestand)	$= Ø\ Verbrauch * Beschaffungsdauer$
Höchstbestand	$= Ø\ Verbrauch * Beschaffungsdauer + Mindestbestand$

Bruttobedarf	$= Primärbedarf + Sekundärbedarf + Tertiärbedarf$
Disponierbarer Bestand	$= Bestellbestand + verfügbarer\ Lagerbestand$
Verfügbarer Lagerbestand	$= effektiver\ Lagerbestand - Reservierungen - Sicherheitsbestand$
Optimale Bestellmenge	$= \sqrt{\frac{200 * Jahresbedarf + fixe\ Bestellkosten}{(Einstandspreis * Lagerkostensatz)}}$ Oder $= \sqrt{\frac{2 * Jahresbedarf * fixe\ Bestellkosten}{Lagerhaltungskosten}}$
Optimale Bestellhäufigkeit	$= \sqrt{\frac{Lagerhaltungskostensatz * Jahresbedarf * Einstan}{200 * fixe\ Bestellkosten}}$

Marketing und Absatz

Relativer Marktanteil	$= \frac{Absatzvolumen}{Marktvolumen} * 100$
Absoluter Marktanteil	$= \frac{Absatzvolumen}{Marktvolumen} * 100$
Marktsättigung	$= \frac{Marktvolumen}{Marktpotential} * 100$
Nachfrageelastizität	$= \frac{Mengenänderung\ in\ \%}{Preisänderung\ in\ \%}$
Werbewirtschaftlichkeit	$= \frac{Umsatz\ eines\ Produkts}{Kosten\ einer\ Werbemaßnahme} * 100$
Werbegewinn/Werbeerfolg	$= (Umsatz\ nach\ Werbung - Umsatz\ vor\ Werbung) - Kosten\ der\ Werbung$
Werbeintensität	$= \frac{Werbeaufwand}{Produkterlöse} * 100$
Werberendite	$= \frac{Umsatzzuwachs}{Werbekosten} * 100$
Attention/Berührungserfolg	$= \frac{Zahl\ von\ der\ Werbung\ Berührten}{Zahl\ der\ Umworbenen\ (Zielgruppe)} * 100$
Interest/ Interessenerweckungs-erfolg	$= \frac{Zahl\ der\ Interessenten}{Zielgruppe} * 100$

Desire / Beeindruckungserfolg	$= \frac{Zahl\ Personen, die\ das\ Produkt\ gerne\ hätten}{Zielgruppe} * 100$
Action/ Erfüllungserfolg	$= \frac{Anzahl\ der\ zusätzlichen\ Käufer}{Zielgruppe} * 100$
Ø Auftragswert	$= \frac{Gesamtauftragswert}{Anzahl\ der\ Aufträge}$
Tausenderpreis	$= \frac{Kosten\ des\ Werbemediums}{Anzahl\ erreichter\ Personen} * 1000$

Personal

Bruttopersonalbedarf (Kennzahlenmethode)

$$= \frac{monatliche\ Arbeitsmenge * \left(\frac{Arbeitszeit}{Stück}\right) * Verteilzeitfaktor}{Ø\ monatliche\ Arbeitszeit}$$

Nettopersonalbedarf

	Geplanter Stellenbestand
-	aktueller Stellenbestand (Istbestand)
=	Bruttobedarf (Planstellen)
+	Ersatzbedarf
-	zu erwartende Zugänge
=	Nettobedarf

Arbeitsproduktivität

= bezeichnet die Leistung pro Mitarbeiter

$$= \frac{Umsatz}{\text{Ø Mitarbeiterzahl}}$$

Arbeitsmengenproduktivität

$$= \frac{Stückzahl\ Erzeugnisse}{(Gesamtzahl\ Mitarbeiter)}$$

Weitere Formeln:

Lohn- bzw. Gehaltsquote	$= \frac{Löhne\ bzw.\ Gehälter + Sozialabgaben}{Gesamtkosten} * 100$ oder $= \frac{Löhne\ bzw.\ Gehälter}{Umsatz} * 100$
Bruttoverdienst (Zeitlohn)	$= Lohnsatz\ pro\ Zeiteinheit * Anzahl\ der\ Zeiteinheiten$
Stundenlohnsatz	$= \frac{Grundlohn(Akkordrichtsatz)}{Normalleistung\ je\ Stunde}$
Bruttoverdienst (Zeitakkord)	$= Leistungsmenge * Vorgabezeit * Minutenfaktor$
Geldakkord	$= Menge * Stücklohnsatz$
Akkordrichtsatz	$= tariflicher\ Mindestlohn + Akkordzuschlag\ (in\ \%\ vom\ Mindestlohn)$
Fehlzeitenquote	$= \frac{Fehlzeiten}{Sollzeit} * 100$
Fluktuationsquote	$= \frac{Personalabgänge}{Ø\ Personalbestand} * 100$
Krankheitsquote	$= \frac{Krankheitsstunden}{Ø\ Sollarbeitsstunden} * 100$
Personalkostenintensität	$= \frac{Personalkosten}{Umsatz} * 100$
Überstundenquote	$= \frac{Überstunden}{Istarbeitsstunden} * 100$ oder $= \frac{Überstunden}{Sollarbeitsstunden} * 100$

Leistungsgrad in %	$= \frac{Istleistung}{Normalleistung} * 100$
Zeitgrad in %	$= \frac{Sollarbeitszeit}{Istarbeitszeit} * 100$
Sollzeit	$= \frac{beobachteter\ Leistungsgrade\ in\ \% * Istzeit}{Normalleistung\ in\ \%}$

Vorgabezeit

Normalstunde: $= \frac{60}{Normalleistung\ pro\ Stunde}$

Dezimalstunde: $= \frac{1}{Normalleistung\ pro\ Stunde}$

Minutenfaktor

Normalstunde: $= \frac{Grundlohn\ (Akkordsatz)}{60\ Minuten}$

Dezimalstunde: $= \frac{Grundlohn\ (Akkordsatz)}{100\ Minuten}$

Lohnberechnung (Brutto zu Netto)

	Grundlohn (Zeitlohn, Leistungslohn)
+	Zuschläge (z. B Überstunden, Nachtarbeit)
+	Prämien
+	Zulagen (Schmutz, Lärm, Gefahr)
+	Vermögenswirksame Leistungen des Arbeitgebers
=	Bruttolohn
-	Lohnsteuer
-	Solidaritätszuschlag
-	Kirchensteuer (je nach Bundesland)
-	Sozialversicherungsbeiträge
=	Nettolohn
-	gesamte vermögenswirksame Leistungen
-	sonstige Abzüge (bspw. Pfändung)
=	ausgezahlter Lohn

Investition und Finanzierung

Betriebsnotwendiges Kapital

	Betriebsnotwendiges Anlagevermögen
+	Betriebsnotwendiges Umlaufvermögen
=	Betriebsnotwendiges Vermögen
-	Abzugskapital
=	Betriebsnotwendiges Kapital

Kalkulatorische Abschreibung

$$= \frac{Wiederbeschaffungskosten}{betriebsgewöhnliche\ Nutzungsdauer}$$ → linear

Kalkulatorische Zinsen (Gesamtbetrieb)

$$= \frac{\left(\frac{Wiederbeschaffungskosten}{2}\right) * kalkulatorischer\ Zinssatz}{100}$$

Oder

$$= \frac{\left(\frac{Anschaffungskosten}{2}\right) * kalkulatorischer\ Zinssatz}{100}$$

Und weitere Formeln:

Kapitalbedarf Umlaufvermögen	$= Anschaffungskosten$
Kapitalbedarf Anlagevermögen	$= Tagesbedarf * Kapitalbindungsdauer$

Amortisationsdauer = Kapitalrückflusszeit	$=\frac{Kapitaleinsatz - Liquidationserlös}{Jahresgewinn + kalk. Abschreibungen}$ Oder $=\frac{Kapitaleinsatz}{Jahresgewinn + kalk. Abschreibung}$
Kritische Menge/ Kostenvergleichsrechnung	$=\frac{Kf(Anlage2) - Kf(Anlage1)}{Kv(Anlage1) - Kv(Anlage2)}$
Rentabilität A	$=\frac{Gewinn}{eingesetztes\ Kapital : 2} * 100$
Rentabilität B	$=\frac{Gewinn + kalk. Zinsen}{eingesetztes\ Kapital : 2} * 100$
Rentabilität C	$=\frac{\varnothing\ Gewinn + kalk. Zinsen}{Anschaffungskosten + Liquidationserlös} * 100$

Bilanzaufbau und Buchungen

Begriffserklärung:

Die	Inventur	ist die Tätigkeit und führt
Zum	Inventar,	welches eine Liste ist und
Zur	Bilanz führt. Diese ist eine Aufstellung. Hier werden Soll und Haben gegenüber gestellt	

Aktiva	Bilanz		Passiva
I.	**Anlagevermögen** Grundstücke und Gebäude Maschinen Fuhrpark	I.	**Eigenkapital** Eigenkapital
II.	**Umlaufvermögen** Roh-, Hilfs- und Betriebsstoffe Forderungen aus Lieferungen und Leistungen Bankguthaben Kasse	II.	**Fremdkapital** Hypotheken-schulden Darlehensschul-den Kurzfristige Ver-bindlichkeiten
Summe Aktiva			Summe Passiva

Die Aktiva-Seite spiegelt die Investitionen wider, die Passiva zeigt die Finanzierung dieser an

Aktiv-Tausch = eine Position auf der Aktiv-Seite wird geringer, eine andere Position auf der Aktiv-Seite wächst allerdings um die gleiche Summe

Passiv-Tausch = eine Position auf der Passiv-Seite wird geringer, eine andere Position auf der Passiv-Seite wächst allerdings um die gleiche Summe

Aktiv-Passiv-Mehrung = beide Seiten wachsen um denselben Betrag

Aktiv-Passiv-Minderung = beide Seiten sinken um denselben Betrag

Buchungen auf Kontenarten

Gewinn	Erträge > Aufwendungen ➔ Saldo im Soll	GuV an Eigenkapital
Verlust	Aufwendungen > Erträge ➔ Saldo im Haben	Eigenkapital an GuV

Während Gewinne das Eigenkapital auf der Haben-Seite erhöhen, vermindern Verluste es im Soll. Da das Eigenkapital ein Bestandskonto ist, wird es im Soll abgeschlossen und auf die Schlussbilanz übertragen.

Bilanz- und Jahresabschlusskennzahlen

Rentabilitäten	
Eigenkapitalrentabilitat (= Unternehmerrentabilität)	$= \frac{Gewinn}{Eigenkapital} * 100$ Oder $= \frac{bereinigter\ Jahresgewinn}{Eigenkapital} * 100$
Umsatzrentabilität	$= \frac{Gewinn}{Umsatzerlöse} * 100$ Oder $= \frac{bereinigter\ Jahresgewinn}{Umsatzerlöse} * 100$
Gesamtkapitalrentabilität (= Unternehmungsrentabilität)	$= \frac{Gewinn + Fremdkapitalzinsen}{Gesamtkapital} * 100$ Oder $= \frac{bereinigter\ Jahresgewinn + Fremdkapitalzinse}{Gesamtkapital} * 100$
Umschlagsdauer/-häufigkeit	
Umschlagshäufigkeit Gesamtkapital	$= \frac{Umsatzerlöse}{Gesamtkapital}$
Umschlagshäufigkeit Eigenkapital	$= \frac{Umsatzerlöse}{Eigenkapital}$
Ø Kapitalumschlagsdauer	$= \frac{360}{Kapitalumschlagshäufigkeit}$

Ø Kreditdauer	$= \frac{360}{Umschlagshäufigkeit\ der\ Forderungen}$
Umschlagshäufigkeit Forderungen	$= \frac{Umsätze}{Forderungsbestand}$
Cashflow/Liquidität	
Cashflow-Umsatzverdienstrate	$= \frac{Cashflow}{Umsatzerlöse} * 100$
Cashflow	$= Jahresüberschuss + Abschreibung\ auf\ Anlagen + Zuführungen\ zu\ langfristigen\ Rückstellungen$
Liquidität 1. Grades	$= \frac{flüssige\ Mittel}{kurzfristiges\ Fremdkapital} * 100$
Liquidität 2. Grades	$= \frac{flüssige\ Mittel + Forderungen}{kurzfristiges\ Fremdkapital} * 100$
Liquidität 3. Grades	$= \frac{Umlaufvermögen}{kurzfristiges\ Fremdkapital} * 100$
Deckungsgrad I	$= \frac{Eigenkapital}{Anlagevermögen} * 100$
Deckungsgrad II	$= \frac{Eigenkapital + langfristiges\ Fremdkapital}{Anlagevermögen} * 100$
Umlaufintensität	$= \frac{Umlaufvermögen}{Gesamtvermögen} * 100$
Anlageintensität	$= \frac{Anlagevermögen}{Gesamtvermögen} * 100$
Vorratsquote	$= \frac{Vorräte}{Gesamtvermögen} * 100$
Forderungsquote	$= \frac{Forderungen}{Gesamtvermögen} * 100$

Fremdkapitalquote	$= \frac{Fremdkapital}{Gesamtkapital} * 100$
Eigenkapitalquote	$= \frac{Eigenkapital}{Gesamtkapital} * 100$
Grad der Selbstfinanzierung	$= \frac{Gewinnrücklagen}{Gesamtkapital} * 100$
Verschuldungsgrad	$= \frac{Fremdkapital}{Eigenkapital} * 100$
Konstitution	$= \frac{Anlagevermögen}{Umlaufvermögen} * 100$
Anteil des kurzfristigen Fremdkapitals	$= \frac{kurzfristiges\ Fremdkapital}{Gesamtkapital} * 100$
Anteil des langfristigen Fremdkapitals	$= \frac{langfristiges\ Fremdkapital}{Gesamtkapital} * 100$
Intensität der flüssigen Mittel	$= \frac{flüssige\ Mittel}{Gesamtvermögen} * 100$

Schlusswort

Wir möchten uns an dieser Stelle für dein Vertrauen bedanken und hoffen, wir konnten dir weiterhelfen!

Wenn Du weiterhin up-to-date bleiben möchtest, folge uns auf Instagram und hole dir unsere **kostenlose Lern-App**:

Viel Erfolg bei deiner Prüfungsvorbereitung!

Dein Prüfung2Go – Team